NOTICE HISTORIQUE

SUR

M. SALLIER,

ANCIEN MAIRE D'AIX,

Lue dans la Séance publique annuelle de l'Académie,
du 8 juin 1833;

PAR E. ROUARD,

Bibliothécaire.

AIX,

Imprimerie de PONTIER fils, rue des Jardins, No 14.

Juillet 1833.

NOTICE

SUR

M. SALLIER ,

ANCIEN MAIRE D'AIX.

L'ACADÉMIE, en décidant qu'une notice spéciale serait consacrée au souvenir de M. Sallier, l'un de ses membres fondateurs, n'a point prétendu lui payer un vain tribut littéraire, dont le caractère banal est souvent marqué au coin d'une fade monotonie. Ce n'est point l'académicien obscur et modeste qu'elle a voulu *célébrer*; c'est l'ami des arts et du pays, c'est l'administrateur sage et vigilant dont elle a voulu honorer la mémoire et rappeler les exemples.

Il n'est que trop souvent besoin de rendre une justice tardive au magistrat qui ne l'obtient pas toujours de son vivant, et qui ne l'obtient jamais durant son administration dans les temps de discordes civiles. Trop souvent encore la science et les vertus modestes sont méconnues dans l'homme qui vit au milieu de nous. Aussi les sociétés littéraires n'eussent-elles d'autre mission que de rappeler, de temps à autre, le souvenir d'un homme de bien, d'un savant ignoré mais utile à ses semblables par ses travaux, enfin d'un administrateur intègre, jugé impitoyablement et même calomnié lorsqu'il servait le pays; ces sociétés, disons-nous, auraient encore une belle mission à remplir. Rien de plus moral et de plus élevé , puisqu'il s'agit alors ou de réparer une injustice, ou d'exciter une noble émulation dans l'âme des citoyens.

Quoique le nom de M. Sallier soit loin d'être oublié parmi nous, et que, de son vivant, il ait pu jouir de la justice qu'on lui rendait généralement, cependant on lui devait encore un hommage public. Les arts qu'il aima passionnément et la cité qu'il servit , applaudiront sans doute au sentiment qui a dicté ces lignes, trop rapidement tracées pour justifier le choix de l'Académie, mais qui du moins seront l'expression imparfaite d'une pensée généreuse.

François Sallier naquit à Aix en 1767, d'une famille honorable qui ne négligea rien pour compléter son éducation. Peu après avoir terminé ses études, le goût des arts et l'amour de l'antiquité qu'il avait annoncés dès l'enfance , se manifestèrent en lui d'une manière si marquée, que son père se crut obligé de l'envoyer en Italie , où l'aspect de cette terre classique ne pouvait que fortifier et augmenter sa passion. Après en avoir parcouru les principales villes, le jeune Sallier s'arrêta à Rome, où il ne passa pas moins de 18 mois.

C'est dans la ville éternelle surtout que le néant de la puissance humaine , et tout à la fois la majesté du génie semblent empreints à chaque pas. C'est là que l'homme qui sent et qui pense, se laisse aller sans peine à cette méditation mélancolique, à cette rêverie de tous les jours, qui chaque jour a de nouveaux charmes, et trouve de nouveaux aliments. Au milieu de tant de ruines imposantes, l'antiquité payenne semble d'abord nous écraser, nous humilier ; mais bientôt la vue des chefs-d'œuvre modernes qui rivalisent avec les anciens, relève notre pensée et nous enorgueillit encore, en nous rappelant que le génie ne vieillit point, et qu'une autre postérité s'inclinera à son tour devant les merveilles de la société qu'a civilisée le Christianisme.

Les connaissances de M. Sallier, la douceur de son caractère le lièrent bientôt avec la plupart des savants de Rome, et particulièrement avec l'abbé *Pouillard*, notre compatriote, qui a laissé des dissertations curieuses sur divers sujets d'archéologie.

Bientôt les orages politiques qui menacèrent la France après la révolution de 1789, obligèrent sa famille à le rappeler auprès d'elle, et il ne fut admis à rentrer sur le sol de la patrie qu'en prenant la qualité d'artiste, ce qui n'était pas bien loin de la vérité. Il y passa dans la retraite tout le temps de cette époque funeste où le parti vainqueur, après avoir proscrit et traîné aux échafauds ses adversaires, poursuivait encore, sous le nom de *modérés*, et en attendant de se dévorer lui-même, tous ceux qui avaient refusé d'être complices de ses fureurs.

M. Sallier, digne de cette terrible qualification, car il aimait la patrie et la liberté comme la justice, et la voulait pour tout le monde, fut assez heureux pour se soustraire aux persécutions dont les hommes les plus honorables, les plus sincères amis des principes de 89, furent l'objet et souvent la victime. Il se cacha pendant quelque temps, jusqu'à ce que l'apparence du calme et de l'ordre eût permis aux citoyens de respirer ; et lorsque la Providence eut appelé au pouvoir un de ces hommes qu'elle semble tenir en réserve pour *détrôner l'anarchie*, ou pour la refouler, et devant lesquels fléchissent enfin les passions et les préjugés, les affections et les intérêts même, il fut nommé par le Premier Consul, aux fonctions de maire de la ville d'Aix. (22 floréal an x, 12 mai 1802.)

Les temps étaient encore difficiles pour l'administration, surtout dans nos contrées ; car bien que nos rivages eussent retenti les premiers des acclamations dont fut salué, sur toute la route de Fréjus à Paris, le vainquenr des Pyramides, la Provence avait été déchirée par de trop sanglantes réactions, pour que les traces en fussent entièrement effacées. Mais le bras puissant de l'homme de génie qui tenait les rênes du pouvoir ne tarda pas à se faire sentir en tous lieux. La religion, ce besoin de l'homme et des sociétés, rétablie dans toutes ses pompes, n'offrit bientôt dans ses ministres reconnaissants, que des amis du gouvernement et des lois : les classes proscrites rentrées sur le sol natal rivalisèrent alors avec les autres citoyens, à qui servirait un pouvoir ami de l'ordre et protecteur de tous les intérêts ;

et nous devons dire que si dans le pays l'arrivée du nouvel archevêque nommé d'après le Concordat (M. Champion de Cicé), prélat non moins recommandable par sa haute capacité que par ses vertus, fut le signal de la réorganisation du culte; la nomination de M. Sallier, comme maire, fut celui de la confiance publique dans une ville où l'un et l'autre contribuèrent puissamment à rallier les esprits.

C'est surtout après les grandes commotions politiques qui froissent et bouleversent tant d'intérêts légitimes, que le courage est nécessaire au sage, à l'homme de bien, pour se charger de fonctions publiques ; assuré qu'il est d'avoir à combattre et les exigences avides des uns, et les ressentiments long-temps implacables des autres, qui, sauvés de l'anarchie, osent quelquefois l'invoquer encore contre le pouvoir qui les protège. Mais qu'importent de vaines clameurs à l'homme qui se dévoue au bien de son pays, et qui, supérieur à tout calcul personnel, ne puise ses inspirations que dans sa conscience, résolu d'attendre de l'opinion publique une justice qui, bien que tardive, ne saurait jamais lui manquer? Malheur aux cités ingrates qui la feraient trop attendre! elles seraient bientôt veuves et d'administrateurs dévoués, et de bons citoyens.

Le zèle éclairé du nouveau maire pour les intérêts de la ville, son aménité, sa justice, lui concilièrent bientôt l'estime de tout le monde; la confiance dont il jouissait s'augmenta de celle qu'inspiraient les hommes honorables et vertueux qu'il s'empressa d'appeler dans le Conseil de Ville , et dans la Commission des Hospices où le pauvre était à la veille de manquer d'asile , tant la désorganisation avait été complète. Partout les abus furent réprimés , et l'ordre public maintenu , grâce à la vigilance de M. Sallier ; et si dans une circonstance cette paix fut troublée par une émeute déplorable (dite des *Raisins* , 29 sept. 1805) qu'il fut impossible de prévenir , dès le lendemain et pour toujours l'ordre fut rétabli , et le gouvernement trouva partout des fonctionnaires fermes et dévoués. Mais ce malheur excepté , et c'en est toujours un bien grand qu'une collision entre l'homme de la loi et le citoyen égaré , l'administration de M. Sallier fut constamment paisible et prospère pour la cité , par conséquent honorable et glorieuse pour lui-même. Qu'il nous soit permis d'énumérer quelques-uns des bienfaits que nous lui devons ; ce sera faire l'histoire de la plupart de nos établissements , et c'est à quoi se réduira son éloge.

L'ordre rétabli dans les finances et les revenus publics augmentés, méritent à coup sûr d'être mis au premier rang. Une opération aussi pénible exige autant de lumières que de dévoûment , et même du courage. Rien ne manqua au nouveau maire, et il en recueillit la plus douce des satisfactions pour un bon citoyen , celle d'embellir la cité , et d'y créer ou restaurer les établissements les plus utiles, dont la plupart, il est juste de le dire , ont encore été améliorés par ses successeurs.

Nos eaux thermales, auxquelles la ville de Sextius doit son nom et son origine, si célèbres chez les Romains qui attestent cependant qu'elles avaient déjà perdu de leur vertu, long-temps oubliées ou négligées, et retrouvées depuis, avaient été presque abandonnées pendant la révolution. M. Sallier fit refaire les bains en marbre, réparer les bâtiments, et construire la fontaine ornée de bassins antiques.

Le Collége et l'Université d'Aix avaient été remplacés par une École centrale qui fut ensuite supprimée avec toutes les autres de ce nom. Il ne put y faire succéder qu'une École secondaire, parce que la crainte de nuire au Lycée naissant de Marseille, empêcha le gouvernement d'en fixer un à Aix, où tant de raisons auraient dû le faire établir; mais sous sa mairie encore, l'antique Université, où avaient professé les Gassendi et les Fabrot, les Garidel et les Lieutaud, et d'où étaient sortis, dans ces derniers temps, les Muraire et les Pastoret, les Portalis et les Siméon, renaquit en partie dans cette École de droit (1), à laquelle nous devons aussi des avocats distingués, et des illustrations même qu'il est inutile de vous rappeler:

---

(1) Installée le 15 avril 1806. En rappelant ce fait, nous ne prétendons point faire honneur exclusivement à M. Sallier, d'un établissement aussi important pour la ville. Indépendamment de ses anciens titres et de ses souvenirs, elle ne pouvait en être privée par un gouvernement éclairé et vraiment organisateur, qui savait apprécier l'intérêt des études, celui des élèves, et la sécurité des familles.

Le rétablissement de l'École de dessin, fondée en 1770, par le duc de Villars, gouverneur de la Provence, ne pouvait être négligé par l'ami des arts qui leur devait ses plus doux délassements, et qui commença son administration par faire restituer à nos églises, tant de tableaux précieux entassés dans un vaste dépôt, et menacés de la destruction, ou d'être transportés à Marseille pour le Musée départemental. Cette École, successivement accrue, n'a cessé, depuis trente ans, d'être fréquentée par une foule de jeunes gens qui, déjà ouvriers ou artistes, ou destinés à le devenir, doivent à ces leçons gratuites et publiques, le développement de leur talents, leur succès dans divers genres, quelques-uns même leur célébrité comme peintres ou comme statuaires.

Forcé de renoncer à vous donner un tableau complet des services administratifs de M. Sallier, vous pensez bien, Messieurs, que je n'aurai garde d'oublier la *Bibliothèque Méjanes* dont il ordonna les travaux préparatoires, travaux continués avec non moins de zèle et heureusement terminés par ses dignes successeurs, Messieurs de Fortis et de Saint-Vincens, mais dont il eut la pensée première. Il *importe aujourd'hui surtout* de vous rappeler quelques faits concernant cette bibliothèque.

Cette nombreuse et précieuse collection de livres due à la munificence du grand citoyen dont elle porte si justement le nom, était restée à l'Hôtel-de-Ville, renfermée dans des caisses,

depuis qu'elle avait été léguée, en 1786, à la province, à condition qu'il en serait formé une Bibliothèque publique dans la ville d'Aix. Le choix du
local, et plus tard la révolution retardèrent l'accomplissement de ces vues généreuses. M. Sallier s'en
occupa spécialement, regardant avec raison ce
riche dépôt, comme la base de tous les établissements d'instruction que la ville pouvait être en
droit de réclamer. Quelques tentatives avaient
été faites jadis par les autres départements for-
més de l'ancienne Provence pour en provoquer le
partage, et même, dit-on, par la ville de Marseille ;
mais pour stimuler son zèle, il n'avait pas besoin
de ces prétentions si opposées à l'intérêt des lettres
et à la volonté sacrée du testateur, dont des étrangers seuls pouvaient rêver la violation (1). Le
préfet des Bouches - du - Rhône, si distingué par
sa supériorité administrative, s'empressa d'ap-
puyer la demande que le maire en avait faite
au gouvernement ; et bientôt il lui annonça
qu'en vertu de l'arrêté consulaire du 8 pluviôse
an XI (28 janvier 1803) les livres légués par
M. de Méjanes, étaient mis à la disposition et
sous la surveillance du Corps municipal d'Aix,
à la charge de fournir le local de la Bibliothè-

---

(1) Voy. à ce sujet, l'opinion de M. Raynouard, notre illustre compatriote, dans l'article qu'il a consacré à la *Notice
sur la Bibliothèque d'Aix*, etc. Journal des Savants, février
1832, pag. 113.

que, de l'entretenir, et d'en faire jouir le public (1).

La ville , qui s'était montrée si digne de posséder ces trésors, en les conservant intacts sous le règne du vandalisme , ne recula devant aucune dépense pour s'acquitter des charges imposées par le gouvernement , et pour remplir les vues de l'illustre fondateur. Cependant, M. de Méjanes avait voulu que ces dépenses fussent à la charge de la province représentée aujourd'hui par l'état , et il la soumettait en même temps, par une clause spéciale de son codicille, à partager avec les Consuls d'Aix , l'administration de la Bibliothèque et de ses revenus.

Ces revenus devaient être considérables, puisqu'il léguait environ 5000 francs de rente pour être employés exclusivement en acquisition de nouveaux livres. Car ce généreux ami des lettres, instruit par l'exemple des bibliothèques précédemment léguées, restées incomplètes et dilapidées , n'avait pas moins pourvu, dans son testament, à l'augmentation de ces trésors qu'à leur conservation, par des dispositions expresses et solennelles (2).

----

(1) Voy. pour plus de détails l'ouvrage intitulé : *Notice sur la Bibliothèque publique d'Aix, dite de Méjanes, précédée d'un Essai sur l'histoire littéraire de cette ville, sur ses anciennes Bibliothèques publiques, sur ses monuments etc.*, 1 vol. in 8o , orné du portrait de M. de Méjanes, gravé pour la première fois. Paris chez Didot, etc.; Aix chez Aubin, 1831 , prix 5 fr.

(2) On lit dans ce testament, en date du 26 mai 1786,

La révolution, en dévorant les 3/5 de cette riche dotation, versés en 1791 dans la caisse de l'extraordinaire, empêcha l'accomplissement entier de ces volontés. Mais le Gouvernement actuel, supérieur à toute idée de fiscalité et de confiscation, et vraiment libéral et juste, vient de reconnaître que la pensée de M. de Méjanes devait être accomplie pour ce qui reste à réclamer de cette dotation ; ainsi les bienfaiteurs de leur pays, qui ont déjà imité ou qui voudraient imiter l'exemple de cet illustre citoyen, n'auront plus à craindre que l'avidité du fisc vienne envahir un jour leurs dépouilles, et trahir leurs patriotiques intentions (1) ; Et notre belle Bibliothèque, si arriérée pour la plu-

---

notaire Rouen, à Paris : *Je donne et lègue tous les livres qui m'appartiennent à la province de Provence, sous la condition d'en tenir une Bibliothèque ouverte en la ville d'Aix, pour l'avantage du public... Plus, sous la condition expresse qu'il ne pourra être prêté aucun livre à qui que ce soit, et sous quelque prétexte que ce soit et puisse être... Je donne et lègue en outre, pour être employées uniquement et intégralement à l'augmentation de ladite Bibliothèque, et dont l'emploi sera justifié tous les ans par le bibliothécaire.* (diverses rentes s'élevant environ à 3000 francs); et enfin 2000 francs de rente perpétuelle, qui ne devront être payés par son héritier et légataire universel, le marquis de Lagoy, qu'après la mort de Madame de Méjanes. (Arrivée en 1827.)

(1) Décision du Ministre des Finances, du 7 novembre 1832, rendue d'après un avis du comité des finances du Conseil d'état, du 5 novembre, portant que le legs de 2000 francs

part des ouvrages publiés depuis 1789, ne sera plus condamnée à rester incomplète, et presque inutile sous plusieurs rapports, à la jeunesse laborieuse, qui doit y trouver le complément de ses études.

Le Conseil municipal était trop éclairé sur les véritables intérêts de la cité, pour ne pas accepter toutes les propositions de M. Sallier tendantes à hâter l'ouverture de la Bibliothèque, qui eut lieu solennellement en 1810, sous la seconde mairie de M. de Fortis, après cinq années de travaux.

Depuis elle s'est accrue constamment tant par les dons et les legs des particuliers, parmi lesquels le docteur *Baumier* mérite spécialement d'être cité, que par la munificence du gouvernement, qui a cherché à la dédommager, autant que possible (et c'était justice), des rentes qui ont été englouties dans le gouffre de la révolution. La ville a fait aussi plusieurs acquisitions importantes, et notamment celle des nombreux et précieux manuscrits du dernier président de Saint-Vincens, si intéressants pour la Provence. Cet accroissement a été tel que le Conseil municipal, toujours fidèle à la pensée du fondateur, vient d'acquérir une maison dans laquelle on

---

de rente, n'ayant été fait par M. de Méjanes qu'à la condition de l'employer uniquement et intégralement à l'acquisition de nouveaux livres destinés à l'augmentation de la Bibliothèque, l'État en recueillant le legs ne saurait se dispenser d'accomplir ladite condition.

pratiquera une vaste salle, qui est devenue nécessaire, et qui fera suite à celles qui existent
déjà, dont le choix et la disposition étaient dus
à M. Sallier.

N'oublions pas qu'il obtint du gouvernement
la restitution de l'urne précieuse de porphyre,
qui orne le monument de M. de Méjanes avec
deux autres urnes en marbre, seuls restes d'un
antique mausolée élevé *à trois patrons de la
Colonie*, et dont la ville d'Aix déplorera toujours
la destruction inconcevable. (En 1786.)

Enfin, il est juste d'ajouter ici que parmi
les derniers dons aussi importants que nombreux, dus en partie à la haute influence d'un
ministre député, il faut distinguer celui du buste
en marbre de notre illustre compatriote le
moraliste Vauvenargues, destiné à orner l'une
de nos salles. Il y rappellera tout à la fois,
par son origine, la puissance du talent dans les
gouvernements constitutionnels (1); et par ses
traits, la force de la pensée dans l'ame douce et
aimante d'un sage, qui au milieu du tumulte des
camps, ou dans les souffrances les plus aiguës,

---

(1) En 1821, l'Académie d'Aix couronnait le début
littéraire d'un jeune avocat à la Cour royale, qui obtenait
au même concours le prix et une mention honorable pour
deux mémoires consacrés à l'éloge de Vauvenargues. En 1833,
M. Thiers, devenu député et ministre, se souvenant peut-être
de cette pensée de notre moraliste: *Les feux de l'au-
rore ne sont pas si doux que les premiers regards de la
gloire*, faisait exécuter son buste pour la Bibliothèque.

traçait encore d'une main mourante les aperçus les plus ingénieux, et les leçons les plus pures du goût et de la morale.

Ces longs détails sur notre Bibliothèque ne sauraient être sans intérêt dans cette enceinte, en pensant surtout au procès qui va se juger, procès qui intéresse essentiellement le public et tous les amis des lettres, et qui se réduit à savoir si, contre la volonté de M. de Méjanes, ce magnifique établissement sera condamné à rester incomplet, et s'il sera spolié en 1833 du reste de sa dotation, précisément parce qu'il l'a déjà été en 1793. D'ailleurs la part que prit à son établissement M. Sallier, justifierait encore ces détails. — Le nom de cet administrateur sera toujours à la tête de ceux qui ont suivi ou qui suivront son exemple, en s'occupant spécialement de la Bibliothèque, et qui mériteront ainsi la reconnaissance des lettres et du pays.

Pour terminer cette esquisse de son administration, serait-il déplacé de rappeler *aujourd'hui* l'un de ses arrêtés qui agita le plus la Provence, (8 prairial an XI, 28 mai 1803); qui y produisit le plus de sensation, arrêté vraiment national, et caractéristique de cette époque de renaissance, si je puis dire, et de retour à la religion et aux souvenirs joyeux de nos pères : je veux parler du rétablissement des jeux de la Fête-Dieu, institués par le roi René vers 1460. (Interrompus depuis 1792, célébrés plusieurs fois depuis 1803).

Cette page vivante des mœurs du moyen âge, où figuraient au son des fifres et des tambours, des tympanons et des tambourins, l'enfer ancien et moderne, l'olympe et le paradis, avec les brillants chevaliers des tournois, attira dans nos murs une foule prodigieuse. La Provence entière sembla s'émouvoir au souvenir de Réné, dont les tournois réels n'avaient jamais attiré sans doute un pareil concours; et la politique du gouvernement applaudit au zèle éclairé d'une administration, qui en faisant un pareil appel aux imaginations méridionales, tendait à effacer jusqu'aux souvenirs des dernières discordes civiles.

Il me reste à vous entretenir de l'ami éclairé des arts, qui rétablit aussi parmi nous en quelque sorte l'école du bon goût, par ses conseils et par ses exemples, en formant la mieux choisie peut-être, et l'une des plus riches collections que la ville d'Aix ait jamais possédée, elle qui en a possédé un si grand nombre.

Qui ne sait en effet que depuis le célèbre Peiresc, ou même depuis la renaissance des arts, à laquelle eut l'honneur de concourir le roi Réné, notre ville par un privilége unique n'a cessé de posséder des collections précieuses qui ont fixé l'attention des voyageurs ?

Les plus graves magistrats y recherchèrent de nobles délassements, et dans toutes les classes même dans celle des artisans, on vit des hommes dont les noms méritent d'être conservés, se passionner pour les arts, pour les tableaux, pour les antiquités, et former des collections importantes dont les débris ont enrichi depuis les cabinets des princes et des souverains.

Souvent d'illustres étrangers, appelés par leur goût ou par leurs fonctions à vivre parmi nous, suivirent cet exemple ou le donnèrent, acquirent par là une juste considération, une haute influence, et obtinrent ainsi à double titre des lettres de bourgeoisie, en méritant bien des arts et de la cité.

De si honorables traditions sont loin d'être perdues à Aix, et partout ce goût héréditaire se manifeste encore. Si nous sommes menacés de voir se disperser quelques-unes de ces grandes collections que la ville a le regret de ne pouvoir acquérir pour son musée, comme elle acquit il y a peu d'années, sous la mairie de M. Dubourguet, les antiquités du vénérable président de Saint-Vincens, espérons qu'il s'en formera d'autres; espérons que les Peiresc, les Bagarris, les Borrilli, les Lauthier, les Thomassin-Mazaugues, les Reboul, les Boyer d'Aiguilles, les Fonscolombe, les Saint-Vincens, les Magnan-la-Roquette, les Sallier et tant d'autres, auront des successeurs, ainsi que les premiers Présidents Duvair et Lebret, les Lagoy, etc., que les lettres et leurs bienfaits naturalisèrent parmi nous.

Jamais la ville n'éprouvera sans doute à propos d'acquisitions scientifiques, un regret pareil à celui de ne pouvoir acquérir le cabinet entier de M. Sallier; car il est bien triste de le dire, cet homme honorable, que nous avons perdu le 20 février 1831, est mort avec la certitude que sa famille ne pourrait garder la belle collection qu'il avait formée, et qui a peut-être contribué à l'aveugler sur l'état de sa fortune.

Après sa mairie, dont il se démit le 26 juin 1806, il avait été nommé par l'Empereur receveur des finances de l'arrondissement, en récompense des services qu'il avait rendus dans son administration : récompense bien juste à laquelle applaudit la ville entière, comme elle l'a fait depuis, lorsqu'elle a vu son fils lui succéder dans ses fonctions. Elles étaient faciles pour M. Sallier, dont l'esprit d'ordre aplanissait tout, et elles avaient cet avantage précieux qu'elles lui permettaient de se livrer à ses goûts favoris. Il en profita pour composer un mémoire intéressant sur les funérailles et sur les tombeaux des anciens, dont il lut divers fragments dans nos séances particulières. Des acquisitions considérables, et de la plus haute importance, signalèrent cette époque. Son cabinet, riche surtout en antiquités égyptiennes, était devenu le plus remarquable peut-être qu'il y eût en province; les étrangers accouraient pour le visiter; et de même que la ville d'Aix avait paru, dans les deux siècles précédents, être l'entrepôt des antiquités recueillies dans le Levant, la maison de M. Sallier parut de même un instant devenir celui de l'Égypte, ouverte aux explorations de la science par l'immortelle expédition des Français.

Au milieu de cette riche galerie de tableaux choisis avec tant de goût (1), de ces antiquités égyptiennes, grecques et romaines, et de plusieurs belles suites de médailles (2), il nous

---

(1) Le catalogue des tableaux a été imprimé en 1831, in 8o de 114 pag. Il est déjà devenu rare. On y remarque plusieurs ouvrages du premier ordre, ou qui sont très-intéressants pour l'histoire de l'art. Nous devons nous borner à citer les noms de Cimabue, de Jean Bellin, de Raphaël, de Léonard de Vinci, du Titien, du Bassan, du Parmesan, de Jules Romain, de Carle Maratte, du Guide, de Moralès, de Murillo, de l'Espagnolet, de Salvator Rosa, d'Albert Durer, de Vandick, du Poussin, de Granet, etc., etc.

(2) Parmi ces suites, il faut distinguer 1o les médailles impériales d'or, collection moins remarquable encore par le nombre des pièces que par leur rareté : 2o les médailles des villes, des peuples et des rois; cette suite contenait plus de 100 médailles d'or, 800 médailles d'argent, et 1700 médailles de cuivre. Les médailles de l'Espagne et des Gaules, celles des rois de Syrie et d'Égypte, et les médailles des nomes d'Égypte étaient surtout remarquables par le nombre et par le choix. Les autres suites, celle des consulaires, celle des impériales d'argent, sans être considérables renfermaient toutes des pièces dignes d'intérêt. C'est ainsi que parmi les consulaires, on en comptait 12 en or, et que parmi les impériales d'argent se trouve un *Jotapien*, tyran contemporain de Philippe, dont les médailles ne sont connues que depuis un petit nombre d'années. On ne cite, outre celle de M. Sallier, que celle qui est au cabinet du Roi. Elles ont été apportées l'une et l'autre de Syrie.

Antiquités. — Les antiquités Égyptiennes étaient nombreuses, comme nous l'avons dit. Outre une grande et belle

est impossible de ne point citer la statue que le Musée du Louvre jugea nécessaire d'acquérir, et qui donne l'idée du plus haut point où l'art statuaire se soit élevé chez les Égyptiens (1) ; ainsi que ces précieux *Papyrus*, antiques bulletins d'une expédition de Sésostris contre les Scythes, qui frappèrent d'étonnement le célèbre Champollion, et dont le gouvernement pense à faire l'acquisition, si intéressante pour la science et pour la gloire de Champollion même (2).

---

momie, on y remarquait un grand nombre de têtes, et surtout une suite intéressante de figurines, et quelques bijoux en or fort précieux. -- Les antiquités grecques et romaines, bien que moins nombreuses, offraient aussi des pièces fort anciennes par l'intérêt qu'elles présentaient, et parce que la plupart avaient été trouvées dans la Provence.

Beaucoup de ces objets, et une partie des tableaux ont été vendus ; mais il en reste encore un grand nombre.

(1) Expressions du comte de Clarac ; Description des antiques du Musée, no 361.

(4) M. Champollion, à son retour d'Égypte, confirma toutes les espérances qu'il avait données au premier examen de ces *Papyrus*, qu'il étudia de nouveau, et qu'il colla lui-même sur carton pendant le séjour prolongé qu'il fit à Aix. Il devait en faire mention dans la dernière de ses *Lettres écrites d'Égypte et de Nubie* ; et nous nous sommes empressés de transmettre à M. Champollion-Figeac, chargé de la publication de ces lettres, les renseignements et même des fragments de traduction de ces *Papyrus*, que nous avions recueillis de la bouche de son illustre et malheureux frère, et dont nous lui avions soumis la rédaction. V. le dernier rapport fait sur ces *Papyrus* à l'Académie d'Aix, imprimé par extrait dans la Revue de Provence, no d'avril 1830. Il est inutile d'ajouter que l'Académie, en signalant cette découverte, n'a jamais prétendu la juger.

En nous bornant à ces deux indications , qui pourront faire juger des trésors d'un cabinet dont la description exigerait un volume, et des connaissances bien supérieures aux nôtres, nous avons voulu seulement montrer que M. Sallier n'épargnait rien pour l'enrichir. Malheureusement, comme nous l'avons dit , il n'a pu espérer en mourant que cette belle collection serait continuée après lui, ou resterait en entier dans sa famille. Si le cœur de l'ami des arts a saigné en pensant à la dispersion de tant d'objets précieux , la conscience de l'homme de bien a dû être satisfaite et tranquille. Comme citoyen, comme père de famille, il a pu s'applaudir de voir que l'estime publique n'avait cessé d'entourer son nom; que le pays qu'il avait administré avec honneur , avec dévouement, se souvenait de ses services , et qu'il en tiendrait compte à sa mémoire et à ses enfants.

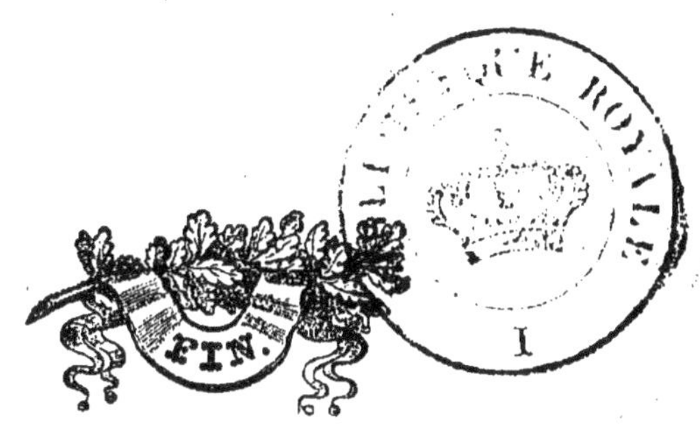